EL DESEO DE
DE SAMUEL

Una historia de fe, amistad y esperanza

Karina Villamizar

Copyright © 2025 Lic. Karina Villamizar

Título: EL DESEO DE SAMUEL
Sub-Título: Una historia de fe, amistad y esperanza

Dimensión: 45 p.; 20,30 x 25,4 cm

ISBN: 979-8-218-85827-8

TODOS LOS DERECHOS RESERVADOS

Cualquier parte de este libro no puede ser reproducida o almacenada en cualquier sistema electrónico, mecánico, de fotocopiado, de almacenamiento en memoria o cualquier otro, o transmitida de cualquier forma o por cualquier medio,
SOLO CON EL PERMISO EXPRESO DEL AUTOR

A Dios, por ser la chispa que enciende cada historia y el amor que guía mi camino.

Y a mi hijo Emmanuel Antonio, por recordarme cada día que la luz más pura nace del amor verdadero.

AGRADECIMIENTOS

A Marina y Adrián, *por prestarme su mirada inocente y recordarme que las historias verdaderas se miden en sonrisas y en la luz que dejan en el corazón.*

Y a Saray Dellán, *por acompañar este sueño con su talento, paciencia y dedicación, dando forma y color a cada detalle para que este cuento cobre vida.*

EL DESEO DE SAMUEL

En una isla rodeada de mares azules y montañas verdes vive un niño llamado **Samuel.**

Tiene **síndrome de Down,** un corazón inmenso y una sonrisa capaz de iluminar a todos a su alrededor.

Pero en su interior hay una pregunta que lo acompaña cada noche, mientras los coquíes cantan y el viento mueve las flores del flamboyán:

—**¿Qué significa ser luz?**

Se lo pregunta a su mamá, a su papá y a su abuela, pero las respuestas nunca parecen suficientes.

Una noche, desde la ventana de su casita pintada de colores alegres, Samuel susurra al cielo:

—¿Quién enciende las estrellas? ¿Por qué nunca dejan de brillar?

De pronto, siente un calorcito en el corazón y escucha una voz suave:

—Soy Yo, la Luz que nunca se apaga.

Abre los ojos y ve a Jesús sentado en el borde de su cama, rodeado de luz dorada.

—Samuel —dice Jesús—, tu luz es única. Cada vez que amas, perdonas o compartes, esa luz brilla y nunca se apaga.

Samuel sonríe. Ya sabe cuál será su misión:
Vivir siendo luz.

Versículo

—Yo soy el camino, la verdad y la vida
— contestó Jesús —.
Nadie llega al Padre sino por mí.

(Juan 14:6 NVI)

LA PRIMERA PRUEBA:
AYUDAR EN CASA

Al día siguiente, Samuel ve a su hermanita Lucía tratando de alcanzar un vaso de agua en la cocina, donde huele a pan sobao recién tostado. Corre y se lo entrega.

—**Aquí tienes, hermanita** —dice con ternura.

Lucía sonríe y lo abraza.

En su corazón escucha la voz de Jesús:

—**Cuando ayudas, tu luz brilla más fuerte.**

EN LA ESCUELA:
LA AMISTAD CON DANIEL

En el recreo, bajo la sombra de una palma junto a la cancha, Samuel nota a Daniel, un niño nuevo sentado en su silla de ruedas.
Muchos no lo invitan a jugar.

Con su sonrisa brillante, Samuel comparte sus empanadillas de queso y le dice:

—¿Quieres jugar conmigo? Seguro encontramos un juego divertido para los dos.

Daniel acepta feliz, y pronto todos descubren que él tiene la mejor imaginación para inventar juegos.

La voz de Jesús suena en el corazón de Samuel:
—*Cuando compartes, tu luz se enciende en los demás.*

Versículo

Así que, en todo, traten ustedes a los demás tal y como quieren que ellos los traten a ustedes.

(Mateo 7:12 NVI)

CONTRA EL BULLYING:
CAMILA

Unos niños se burlan de Camila porque usa audífonos para escuchar mejor.

—¡Mira qué raros se ven esos aparatos! —dicen en la fila de la cafetería donde venden piraguas de tamarindo.

Samuel da un paso al frente y responde con firmeza:

—¡No se rían! Camila es nuestra amiga. Dios nos creó a todos con amor, y cada uno es valioso para Él.

Ella sonríe y, con las manos, les enseña una canción en lengua de señas que todos aplauden.

Jesús le habla con ternura:

—**Cuando defiendes al que sufre, tu luz brilla con valentía.**

> ## Versículo
> Por lo tanto, acéptense mutuamente, así como Cristo los aceptó a ustedes, para gloria de Dios.
> (Romanos 15:7 NVI)

UN NUEVO AMIGO EN LA ESCUELA
ABDIEL

Un día, la maestra presenta a un nuevo compañero. Su nombre es Abdiel y él cuenta con alegría que es de Venezuela.

Su manera de hablar tiene una sonoridad suave, con musicalidad distinta, como si trajera consigo una canción de su tierra.

Algunos niños, sin comprenderlo, se ríen.

Samuel levanta la mano y dice:

—¡Hola, Abdiel! ¿Quieres sentarte conmigo?

En el recreo, Abdiel les enseña un juego y una canción de su país. Y así, todos descubren que compartir su cultura es aprender cosas nuevas.

La voz de Jesús le recuerda a Samuel:

—*Cuando recibes al que llega de lejos, tu luz ilumina corazones nuevos.*

Versículo

No se olviden de practicar la hospitalidad, pues gracias a ella algunos, sin saberlo, hospedaron ángeles.

(Hebreos 13:2 NVI)

CONSOLANDO
A MATEO

En el almuerzo, Mateo se sienta solo con su bandejita de comida. Algunos lo miran con burla y le preguntan:

—**¿Por qué tu papá nunca participa en las actividades de la escuela?**

Con tristeza, él responde:

—**Es que mi papá y mi mamá ya no viven juntos... pero igual me quieren mucho.**

Samuel lo escucha y le dice con ternura:

—**No importa si vives con tu mamá, con tu papá o con tus abuelos. Dios siempre está contigo, y nunca estarás solo.**

Jesús le habla suavemente:

—*Cuando consuelas al que se siente triste, tu luz brilla con esperanza.*

" Versículo
Aunque mi padre y mi madre me abandonen, el Señor me acogerá.
(Salmo 27:10 NVI) "

EN LA MESA FAMILIAR

Una noche, el papá y la mamá de Samuel están preocupados por el dinero y comienzan a discutir. Afuera los coquíes cantan, pero dentro de la casa hay tensión.

Samuel recuerda lo que Jesús le dijo y habla con valentía:

—*Papá, mamá, no olviden esta promesa: "El Señor es mi pastor, nada me falta." (Salmo 23:1 NVI)*

Sus padres se miran, sonríen y la paz vuelve al hogar.

Jesús le inspira en silencio:

—*Cuando llevas mi Palabra a tu familia, tu luz trae paz.*

Versículo

Así que mi Dios les proveerá de todo lo que necesiten, conforme a las gloriosas riquezas que tiene en Cristo Jesús.

(Filipenses 4:19 NVI)

COMPARTIR CON
QUIEN NO TIENE

En la escuela, Samuel nota que un compañero nunca trae merienda. Sin dudarlo, parte su mallorca por la mitad y se la entrega.

Jesús le transmite al alma su enseñanza:

—*Cuando compartes lo poco que tienes, tu luz se multiplica.*

Versículo

Den y se les dará: se les echará en el regazo una medida llena, apretada, sacudida y desbordante. Porque con la medida con que midan a otros, se les medirá a ustedes.

(Lucas 6:38 NVI)

VISITANDO A
DON RAFAEL

En su barrio vive don Rafael, un hombre mayor de cabellos plateados que casi nunca recibe visitas.

Un día, Samuel va con sus padres a saludarlo y pasan la tarde con él. Juntos escuchan a don Rafael tocar el cuatro puertorriqueño y reírse con historias de las fiestas patronales del pueblo.

Samuel comprende que la experiencia de las personas mayores es un regalo que merece ser escuchado.

Jesús le deja sentir en su alma:

—**Cuando honras a quienes han vivido más, tu luz brilla con respeto.**

Versículo

Ponte de pie en presencia de los mayores. Respeta a los ancianos. Teme a tu Dios. Yo soy el Señor.

(Levítico 19:32 NVI)

CUIDANDO LA CREACIÓN

Durante una caminata por la quebrada, Samuel ve a unos niños tirando basura al agua.

Se agacha, recoge una botella y dice:

—**Dios nos dio este mundo para cuidarlo.**

Jesús le enseña en lo profundo:

—*Cuando cuidas la creación, tu luz brilla en la tierra.*

> **Versículo**
> Del Señor es la tierra y todo cuanto hay en ella, el mundo y cuantos lo habitan
> (Salmo 24:1 NVI)

AMOR POR
LOS ANIMALES

Una tarde, en la plaza del pueblo, Samuel encuentra a unos niños molestando a un perrito satito.

—¡No lo lastimen! —dice—. Los animales también son creación de Dios.

Se agacha, lo acaricia y le da un pedacito de pan con mezcla que guardaba en su mochila.

Jesús le guía desde dentro:

—Cuando cuidas de mis criaturas, tu luz refleja mi amor.

> Versículo
>
> Los buenos saben que hasta los animales sufren, pero los malvados de nadie tienen compasión
>
> (Proverbios 12:10 TLA)

EL VALOR DE
LA VERDAD

Un día, en clase, Samuel rompe sin querer un cuaderno.

La maestra pregunta quién fue, y todos guardan silencio.

Él levanta la mano y dice:

—Fui yo. Perdón, no fue intencional.

La maestra le sonríe con orgullo:

—Gracias por decir la verdad, Samuel.

Jesús le ilumina con sus palabras:

—Cuando eliges la verdad, tu luz resplandece con pureza.

Versículo

El Señor aborrece a los de labios mentirosos, pero se complace en los que actúan con lealtad.

(Proverbios 12:22 NVI)

SERVICIO A
LA COMUNIDAD

El fin de semana, en el barrio organizan una limpieza de la plaza y del malecón.

Samuel es el primero en llegar: barre hojas, recoge papeles y ayuda a plantar un arbolito de flamboyán.

Jesús le siembra en el corazón:

—**Cuando sirves a tu comunidad, tu luz guía a los demás.**

Versículo

Cada uno ponga al servicio de los demás el don que haya recibido, administrando bien la gracia de Dios en sus diversas formas

(1 Pedro 4:10 NVI)

EL LEGADO
DE SAMUEL

Esa noche, con la brisa salada entrando por la ventana y el canto de los coquíes, Samuel escucha otra vez a Jesús:

—Bien hecho, Samuel. Has descubierto lo que significa ser luz. No hace falta ser un adulto para dejar un legado. Basta con encender tu luz desde ahora y para siempre.

Samuel sonríe y responde:

—Jesús, quiero que mi luz nunca se apague.

> Versículo
> Ustedes son la luz del mundo.
> Una ciudad en lo alto de una montaña
> no puede esconderse.
>
> (Mateo 5:14 NVI)

Así como Samuel, tú también puedes ser la luz de Jesús en tu hogar, en tu escuela, en tu comunidad y en cada lugar a donde vayas.

No importa tu edad, la luz de Jesús en ti puede brillar sin límites.

Cuando amas, compartes, dices la verdad, cuidas la creación, defiendes al que sufre y celebras que todos somos únicos, la luz de Jesús resplandece en ti y nunca se apaga.

NOTA DE CRÉDITOS

Todas las citas bíblicas utilizadas en este cuento han sido tomadas de la Santa Biblia, Nueva Versión Internacional (NVI) y de la Traducción en Lenguaje Actual (TLA).

Se incluyen de manera textual para mantener la fidelidad del mensaje original.

Made in the USA
Middletown, DE
11 November 2025

21118414R00027